¿Qué es lo que ves en las nubes?

Abigail Richter

Traducción al español: María Cristina Brusca

LECTURAS DEL BARRIO

Rosen Classroom Books & Materials™
New York

Tara y sus amigos estaban jugando
a la pelota en el parque.
—Necesito descansar —dijo Tara.
—Yo también —dijo Meg.

Todos se sentaron en la hierba.
Alfredo miró el cielo.
—Miren todas esas nubes —dijo Alfredo.
—¡Hay tantas nubes! —dijo Meg.

Los niños se acostaron sobre la hierba.
Miraron las nubes.
Las nubes eran blancas y parecían de algodón.
Las nubes estaban muy altas, en el cielo.

—Veo un caballo —dijo Tara.
Los otros niños se sentaron en la hierba y miraron alrededor.
—¿Dónde? —preguntaron los niños—. Nosotros no vemos ningún caballo.

—Miren las nubes —dijo Tara.
Tara señaló el cielo.
—¡Veo una nube que se parece a un caballo!
Sus amigos miraron el cielo buscando el caballo.

Vicente miró el cielo.
—¿Dónde está el caballo? —preguntó Vicente.
—Está allá —dijo Tara.
—¡Ahora lo veo! —dijo Meg.

—Yo no puedo verlo —dijo Vicente—.
Solamente veo un perro.
Vicente señaló el cielo.
—¡Me parece que estamos mirando la misma nube! —dijo Tara.

—¡Veo un cohete! —dijo Alfredo.
—¿Dónde? —preguntaron los otros niños.
—Allá —dijo Alfredo.
Alfredo señaló una nube en el cielo.

—¿Qué es lo que ves, Meg? —preguntó Tara.
Meg miró las nubes.
—Veo una guitarra —dijo Meg.
—¡Yo también! —dijo Tara.

—¿Dónde está la guitarra? —preguntó Vicente.
—Allá arriba —dijo Meg.
Meg señaló una nube.
—¡Ahora la veo! —dijo Vicente.

—¡Esa nube se parece a un pulpo!
—dijo Alfredo.
—¡Vaya! —dijo Tara—.
¡Sí, se parece!
—¡Yo también lo veo! —dijo Meg.

—Veo un pastel de cumpleaños —dijo Vicente.
—Esa nube se parece a un pez —dijo Meg.
—Ésa otra se parece a un dragón —dijo Alfredo.
—Yo veo un árbol —dijo Tara.

—¿A dónde se fue el caballo? —preguntó Tara.
Nadie podía encontrar el caballo.
—¡A lo mejor se escapó! —dijo Vicente.
—¡Eres muy gracioso, Vicente! —dijo Tara.

—¡Ya no está! —dijo Meg.
—Tienes razón —dijo Alfredo—.
Tampoco está el cohete.
—¡Quizás se fue a la luna! —dijo Vicente.
Todos se rieron junto con Vicente.

—Mirar las nubes es muy entretenido
—dijo Tara—.
Pero, vamos a jugar a la pelota otra vez.
—Sí, vamos —dijo Alfredo—.
Podemos volver a mirar las nubes otro día.